La source d'hier

Poèmes de la vallée
des souvenirs
(vol I)

Yago Otero
MaskduMorte.com

"TOUCHEZ LE MONDE AVEC VOS MAINS"

Touchez le monde avec vos mains,
Ressentez ce souvenir ...
vous verrez des histoires même des Philistins,
Ce que je veux dire, c'est que tout laisse une
marque,
d'un amour, au cri ou au silence
tu ne le comprends pas?
Tout a un écho.

"EN SILENCE"

Écoute-moi peu
il n'y a aucun moyen de sortir de la vie,
tu tombes et tu te lèves,
donc jour après jour.

Pour que tu aies la joie qui me manque,
Pour que tu ne vives pas mes tragédies,
encore des demi-mesures.

Même vécu ce qui a vécu
c'est un cycle étrange
d'attachement, d'amour et de douleur.
ma fleur est partie
au puits de mes lèvres.
Et en silence je raconte ...
ce que je n'ai jamais voulu vivre.

"CRY YOU"

Mon cœur blessé
d'être loin de mes enfants,
une promesse oubliée.

C'est certainement un art,
être heureux ou sanglot.
Calme je demande quand mon coeur
encore latent,
essayez de vous caresser.
Je suis un cas à part
personne parmi le peuple,
Alors je vis et meurs.
Essayant toujours de se souvenir de toi.
Belle et jeune, innocente.
La magie coule dans mon sang
comme les oiseaux dans les nuages.
Et ces moments non vécus me manquent encore,
Votre corps et éveil aux sens.

"ÉTREINTES"

Les câlins que nous ne nous sommes pas donnés
parfois ils font si mal.
Que même l'amour me rend amer
Et me voilà ... seul à écrire
parce que de l'amour à la haine on dit qu'il y
a un pas
Et dans l'oubli encore deux ou peut-être
quatre

"COMBIEN DE FOIS"

Combien de fois nous verrons-nous
immergé dans les sentiments.
Combien de fois disons-nous
Je t'aime, prends soin de toi.

"L'ESPRIT ET LES DECEPTIONS"

Je vis trompé,
et ce n'est pas le diable qui me ment.
Et je pense que le problème est dans les gens
ils critiquent, ils vous crachent la vérité
pour tourmenter.

Ensuite,
J'accueille un nouveau mardi
les filles par contre,
parce que d'autres coqs chantent
ils mourront noyés entre ses mots
pendant que je plonge pour les perles
perles de mon phrasé,
et c'est que mourir me semble presque un luxe
Je suis venu me battre pour ce qui est à moi
alors éloigne-toi

"CAPTIVANT"

Dites à ces enfants
que s'ils apprécient l'affection.
Et c'est que j'apporte le froid de l'hiver
et les couvertures pour les couvrir.
J'entends toujours ces coups
combien de morts par péché.
Une plume de mes ailes à retenir
petit à petit j'apprenais
que sans amour ..
Je vis en captivité
embrassé par mes démons
avec qui j'ai fait un pacte enfant
parfois sans tact
Je gâche une cigarette et retourne au
cimetière
aux tombes de mes ancêtres

"MES FADOS"

Avec cette muse, je suis venu vous
emprisonner.
Prisonniers du silence, de l'agonie.
Prisonniers des ténèbres, je conjure la
mélodie.
À mon ange gardien,
à mon garçon et au reste des filles,
pour ces poètes au combat,
pour ces fées,
le fados de ce scélérat

"MÊME SI ILS ME TUENT"

Même s'ils me tuent et reviennent à la vie
mon amour en bien et en elle ma joie
combien de douleur au fil du temps
qui est oublié avec la fumée en moi
J'ai ressenti de la colère ... j'ai ressenti
de l'angoisse
mais maintenant tout cela est hors de moi.
Je cherche la gloire
la gloire de tes baisers
dans lequel j'arrête le temps
pour nous rendre éternels une seconde

"FÉLICITÉ"

Donne-moi de l'amour, donne-moi de la fumée,
donne-moi la nuit.
Donnez-moi le vice et le gaspillage.
Donnez-moi le zen, donnez-moi le tao.
Conscience du Christ,
la patience d'un saint.

"CANIN"

Je suis un chien amer.
Je marche canin,
et je vous apporte ces versets,
même s'ils sont sombres.
Pour voir si je t'encourage
pour te dire viens mon amour
que je prends soin de toi

"QUELQUES CRY"

Certains pleurent
quand la seule chose qu'ils voient
c'est l'angoisse intérieure.

Partout dans le monde
la mort ne prévient jamais
le flash apparaît dans l'ombre

"JE SUIS SEUL"

Quand je suis seul
quand l'enfer est à la maison et au donjon,
comme une bite dans le cou.
c'est à cause de cette femme que je saigne.

Et pas une larme sur mon visage
J'ai été trahi
humilié,
jeté dans l'abîme.
Et si je meurs, je jure que je ressusciterai.

"L'OMBRE"

Je suis l'ombre
La nuit noire de Rosalía
dans ma chambre et sans sorties
J'écris ces vers
Alors que je porte un poids sur mon dos
Un autre enfant est mort du manque de
nourriture.

"NON-RETOUR"

Moi sur un voyage sans retour,
Je suis descendu du ciel étant enfant.
Et ma maison maintenant loin
perdu dans le ciel,
que j'observe parfois.

Parfois je me souviens
comme si c'était un rêve
dans mon sang,
sang des gris,
code caché et ses nuances.

Parfois, je lis dans les pensées.
d'autres je suis emprisonné pour la fièvre.
Je crache les vérités
que je suis immature
et quelque chose de pédant
donc les coups resteront en suspens

"TU ME MANQUES"

Tu me manques tous les soirs
chaque aube ridée,
clair et simple de vous voir sourire.
Joue avec le pouvoir, joue à l'amour
Je ne suis pas aussi indiscipliné que tu le
penses toi.
Tes lèvres de carmin,
son emprise pourrie
Quand je déboutonne son soutien-gorge

"TOUJOURS CACHER"

Tu te cache toujours de mes peurs
vous ne cédez pas à la confrontation.
Tu es une brise claire du soir de ce jour,
dans une chute de terrain vague,
dans un bruit sourd de tempête,
ainsi étaient mes regrets
de retour sur Terre.

"J'AI BESOIN DE TOI"

J'ai besoin de toi,
comme l'air qui me remplit,
comme l'eau qui me satisfait
comme ces baisers dont j'ai besoin

"VEUILLEZ REVENIR À LA MAISON"

Retour,
comment les hirondelles reviennent
ou comment ça revient,
le colibri à la fleur.
Offrez-moi un abri,
donnez-moi de la chaleur.
Me saouler dans ton essence
Reviens s'il te plaît.

"MON PETIT NYMPHE"

Reporté,
tache immortelle froide
mes enfants vivront, les jours de mon oubli
Rires d'été
La nuit dans ta main.
Le monde comme abri.

"JE ME SENS SEUL"

Pour est-ce que je me sens seul?
Pas seul.
Un chien aboie.
La brise m'accompagne à l'aube.
M'offre l'oreiller
Rêve de ton câlin

"LE CHANT DES SIRÈNES"

Pendant que les sirènes chantent,
ainsi que des éclairs du fond marin
Je perds la vue, je perds l'équilibre.

La nuit s'échappe dans un souffle.
Comment expliquer?

Les nuits qui passent
la solitude embrassée par un rayon de soleil,
Que la lune insiste pour me montrer.
Mon cœur trempe de soulagement.
Guérison.
Un peu de ressentiment
ils ouvrent de nouvelles blessures dans le
cœur.

"AUTOUR DE VOUS"

Autour de vous:
la nuit pousse bien,
parle, à l'intérieur.
Ça me fait mal
pauvre et manquant,
touché,
toujours patient

"AMOUR, S'IL VOUS PLAÎT BEAUCOUP PLUS"

J'espère toujours que les amours perdues
caprices de Cupidon,
les amoureux dans les niches.
La vie, de mes soupirs.

"JE NE PEUX PAS VIVRE"

Sans ton sourire
Sans tes affronts,
sans ces soupirs qui tremblent de péché.
Sans ces lèvres mordues
sans pitié ni parjure.

"LA NORIA DE LA NAISSANCE"

Sur les trottoirs des rues,
les passants marchent.
Près des ruelles
vous entendez des cris.

Rien de plus.
Une nouvelle vie arrive pour rester.
Prends ton premier souffle
et adoptez l'esprit,
un nouvel élan

Comme une marionnette
sa mère le serre dans ses bras.
Vous avez atteint votre objectif.

"SOUL DIABLA"

Jouets cassés.
Quelques croquis de rêves rêvés.
Coulé dans la misère
de ma triste solitude.
J'essaye de chercher
un morceau de ma joie

Dans un poème, je dirais:

La vie qui ne finit pas
la lente agonie ...
de maturation.

"NUITS DERRIÈRE LA FENÊTRE"

Je t'attends chérie.
Et alors que je regarde derrière la vitre
depuis cette fenêtre.

Je t'écris quelques notes,
Alors que je déambule dans mes pensées
Vos courbes, vos yeux, vos lèvres ...
Tout me semble
avec une forte violence.

"ONGLE DERNIER RYME "

Je voudrais laisser un héritage.
De bonnes paroles,
d'encre écrite,
des versets qui sortent
du coeur.

Mais j'ai peur d'avoir vécu:
désolation et chagrin.

Quel poète oublié
depuis quand les chrétiens
ils ont été persécutés

Dans mon dernier verdict,
J'aimerais dire
J'ai grandi, j'ai vécu.
Et comme une fleur je me suis fanée.
Jusqu'à ce que je sois né de nouveau.

"LA NUIT EN SILENCE"

La nuit en silence me dit.
Il me raconte le chagrin, il me raconte la
rage.
Parce que mon insomnie n'occupe pas les
moutons.
Je pense à la vallée de tes seins,
dans votre chemise entrouverte.
Je pense,
pour que les enfants jouent en notre absence.
Je suis un défenseur de ma conscience,

pris entre les muses,
qui arrivera plus tard pour me mettre au lit.
Quels jeux ... Merci ... ma fleur est toujours
aussi belle,
garder espoir
qu'un jour je retournerai dans ce jardin
entre les collines de la distance

"JE POÈTE GRIS"

Je poète gris,
dans le corps d'un dauphin.
Je regarde le rivage pour le voir.
Deux mondes et si peu de frontière,
que j'ai osé l'appeler.
Mais à la maison, personne ne me répond.

"COMMENT PUIS-JE BAISER LE SOLEIL? "

Jusque là…
donc à l'aube
et ainsi de suite au coucher du soleil.
Ce serait mieux s'il dormait à côté de moi
Je crie pour un fado.
Parce que la seule chose que je veux
c'est toujours briller à ses côtés.
Je suis un ange plumé
l'humanité il a fait des ravages.
et moi, bien que mourant,
Je peux encore changer de cap.
Je serai le leader pour vous guider
ne lâche pas ma main

"HURLER À LA LUNE"

L'aube froide tombe dans l'obscurité,
déjà du nouveau jour.
Entre des rêves qui ne viennent pas
et une muse fatiguée.
Quelle vaste montagne, quelles eaux froides.
La lune baigne déjà dans une mer d'argent,
Je vole ses vêtements
Je lui hurle dessus et je la regarde nue
Quelle silhouette tendre, que le soleil
caresse.

"FLEE SECONDS"

Les victimes de la seconde ont fui,
nuit après nuit,
ce poète trouble s'effondre à l'aube.
Entre les vers de jade, qu'un jour il
délivrera sa reine.

"ET LES NOUVELLES DISENT"

Excellentes mathématiques et logique
polyvalente
entre les muses chaleureuses des parfums club
J'attends la chaleur d'avril
avec un rythme fébrile.
Dans une nuit étoilée j'ai compris,
le langage,
le vers est gratuit,
Le monde tourne,
la vérité brille.

"LA CHALEUR FROIDE DE LA FLAMME"

Je sais ce que c'est que de dormir dans
l'abîme,
avec des ténèbres froides et éternelles
d'une mer calme.
Les étoiles comme les lucioles
ils regardent nos vies passer.
Qui joue avec le feu brûle
mais nous sommes comme le papillon de nuit
à la luminosité de la bougie
là je finirai mes jours.
Comme une dernière joie
Je suis désolé pour ma vie.
J'aurai tout fait ...
et comme rien au vent.
Fuyant comme le fond cosmique
ironiquement dans une harmonique

"METTEZ VOTRE MAIN ICI SUR MON
Poitrine"

Mettez votre main ici sur la poitrine
me fait sentir bien.
Se trouve ici dans mon lit
une figure de femme.
Je sais ce que j'ai fait
alors peut-être que j'ai la foi.
Que tu reviens dans mes bras
il n'est jamais trop tard pour aimer.
Que tes lèvres restent vivantes
dans la mémoire de ma peau

"EN CAS D'ÉCHEC DES MOTS"

Si les mots me manquent,
Je sais qu'un jour tu rêveras,
que le monde est tout à nous
que nous ne manquerons de rien.
Je me souviens du baiser que nous nous sommes
donné
ta douce bouche et à la fin ...
un soupir un peu amer
principe qui a mal tourné.

"OUBLIER ET REGRETER"

Je suis poète parce que je chante
à l'oubli et au regret
et malgré la distance
Je sais que tout va changer.
Je n'ai jamais voulu te blesser
Je sais que tu l'as vraiment dit.
ma plaie saigne encore ...
cicatrice profonde,
comment oublier ces lèvres
dans lequel un jour je me suis perdu.

"BAISER VOS PIEDS"

Je rêve de pleurer
embrassant tes pieds,
l'histoire est sortie de travers,
sans but et à l'envers.
Mais j'ai gagné mes ailes
Et le ciel que je peux voir
Quand tu me regardes dans les yeux
et je me saoule de ton être.
La nuit m'a tenté
attendre l'aube,
et les ombres vous ont attiré
quelle méchanceté de femme.

"JE CASTE VOTRE ÂME"

Votre âme brûle-t-elle?
Est-ce de l'amour ou de la colère?
L'amour pour votre partenaire et votre famille
ou la rage des mauvaises boissons de la vie

Je t'exclame !! Oh! Justice!
Si seulement avec un verset,
touchez le cœur humain ...
Qui me tiendrait compagnie?

"L'ENFER DE MES VERSES"

L'enfer est plein de foies,
ainsi que le ciel vide sans saveurs.
Et ce poète s'humilie et s'arrête,
Eh bien mes chaînes sont les mêmes que les
vôtres

"ET VERS LE BAS DU CIEL POUR VOIR"

Je suis descendu du ciel et ici sur terre je
pouvais voir
douleur et torture que personne ne peut
comprendre
Je suis descendu du ciel et ici sur terre je
pouvais voir
sourit aux enfants, amours et plaisir.

"UN VENDREDI NOIR"

En ce vendredi noir
aléatoire et coureur de jupons.
J'écris près du feu
les vers les plus tristes
Je récite l'ego
ne me raconte pas de blagues.
La vie est très mauvaise
et même en plus tu résistes
de m'aimer tous les soirs,
comme tu l'as fait avant
les problèmes sont des problèmes,
mieux que des solutions
Je vis parmi les fantômes et les souvenirs
tortueux
des souvenirs du passé qui me rongent la tête

"SOUTERRAIN"

n'importe quel jour,
de cette éternelle attente,
il n'y a pas de consolation,
viens lécher la sole.

Je regarde le sol
d'autres sous terre.
Mieux vaut ne rien attendre.
La surprise insoupçonnée,
Je te regarde avec dépit
Je casse la boîte.
Faire plus de sang
penser à partir.
Loin,
de la guerre injuste de ma poitrine.

"ILS DISENT QUE..."

Ils disent que,
il y a des amours pour toujours
ils disent à propos de,
la vie après la mort.

Ils m'appellent un poète
parce que j'écris avec anxiété.
Il n'y a pas de mystère
ni le soutien de ma vérité.
Je me fiche de ce qu'ils pensent
Je suis un rêveur fou
du passé flétri
et mille vies sous le soleil.
Je ne regrette pas
et j'ai encore vécu une grande torture
le passage des heures
tristesse et amertume.

"VAINCRE LA PEUR"

Pour toutes les choses que je ne comprends
toujours pas.
Beaucoup de douleur et de souffrance
Qui suis-je et que dois-je faire pour eux?

Je vis dans l'instant
Je contrôle mon esprit.
Je ne trouve pas la paix
Si je ne tue pas ma faim
J'ai été avec Dieu
et moi tout appris.
La mort est un pas
plus tard vient un autre.

"LA NUIT"

Tu es la nuit
Je vous embrasse.
Entre mes vers je ne peux pas dormir
L'amour est corrompu ainsi la haine est née
avec toute ma colère directement sur ce folio

"MARCHITA DE L'ENFANCE"

Un passé heureux,
une enfance flétrie,
votre égoïsme sans fin déborde de misère.
Vous ressentez l'hystérie
jalousie et merde.
tu es piégé dans ton esprit
votre cellule.

je veux voir le monde
pense à mes enfants
guéris mon âme
Et briser les chaînes
Quelque chose m'arrête
je peux le sentir
Je me noie juste
Dans cette mer trouble

"SI CELA ÉTAIT"

Au cas où il serait parti
Je lui ai caché un poème.
dans le portefeuille,
entre la photo et les cartes
où gardez-vous habituellement
les choses flétries d'un vague souvenir.
De l'alcool est la nourriture éthérée
qui nous remplit et nous émeut.
Entre dalles cachées et prose du passé.

Car le futur sera parti ...
rires et pleurs,
de brillantes consolations.

Pour
Memo Esse. 6 2 19: 6 13
RengeSooraj 31 4 16:22 53

"DE L'OUEST"

Cloches qui sonnent
ils viennent de l'ouest.
entre les vers,
chants et cris de gens
à l'aube en souriant,
votre serviteur

Signé.
#AngeldeMuerte

"MA MUSE SUR LA GAUCHE"

Je te demande une sinistre muse
un bon travail en rime,
que les maux aient peur
et viens le bonheur.

Tout comme en automne
J'ai créé ma progéniture.
En hiver je cherche
à la maison sous la couverture

Pour combien de secret?
Pour combien envie?

"SOLEA"

À mon ange solaire
Je veux te donner mille fleurs.

Laisse moi avoir l'air cuivré
sous votre appel.

Que l'eau pure ait un goût glorieux pour moi.

Que ton sourire
laissez-moi sans voix.

"POUR MON INTÉRIEUR"

J'aime la vie,
et j'apprécie chaque seconde
qui est un trésor.

Il y a un souhait que j'implore
plus en silence,
et plus profond.

À moi-même

"JE VOUS PORTE DANS MON ETRE"

Fermé à clé,
ma liberté sous clé.
Tenue en a marre,
d'impatience.

Adoucissez la candeur d'un couplet.
Que j'ai envoyé à la dérive

Et il l'aime bien
fiel comme fiel,
le miel comme le miel,

mon baiser peut être chaud
comme ta peau,
ou ludique comme vos boucles.

Je te porte dans mon être.

"MON TRAVAIL"

Hier soir, j'ai essayé de jouer
mon ancien travail.
Un long verset,
attacher une cape.

Ramasse tes larmes du sable
s'habiller brillant,
au clair de lune.

"L'ESPOIR"

Calme, arc en argent
Ama, le café de la Havane.
Gagnez, vos espoirs.

"FONCTIONNALITÉS PASSÉES"

Avide,
mes ancêtres marchent.
Silencieux
ils me racontent leurs exploits.

"PAIX DE TÔT MATIN"

Nuit du roi,
où tout peut arriver.
Et si mon cadeau n'est pas sous
l'espadrille ...
Je saurai que mon âme a été enlevée.

Fleurs de lys
et la paix à l'aube

"MON ÂGE"

Avec le goût de la pomme
plus doux,
J'ai empoisonné sa garde.

Avec la nuance d'un homme plus âgé.
Aujourd'hui, je viens vous supplier.
Aime-moi un peu plus

"QUAND ET OÙ"

Quand tes ailes se déploient
Quand l'amour gagne.
Quand Dieu dit.

Peu importe où tu vas.
Où vous séjournez
Où vous revenez.

"SYNONYMES D'OUBLI"

Longue nuit écrit le poète,
ses fleurs émanent des parfums,
gourmandises des dieux.
Fille tendre me fait caprice,
un couplet bâclé,
est synonyme d'oubli.
J'oublie les regrets
J'oublie les distances
à la poursuite d'un rêve à vos côtés.

"ARREBATOS"

L'amour,
passion.
Explosion précoce
cela nous a fait d'un autre temps.
Imposé sa loi
et laissez-nous partir.

"REVENIR"

Un jour à tes côtés
la lumière vous a montré mes blessures.
J'ai prié pour les caresses
pour guérir le traumatisme.
Et tu es apparu de nulle part
me trouver
tu m'as trouvé et tu m'as sauvé
mon coeur est petit
mon vieux corps
mon âme sale
J'attends de me baigner dans tes mers
et reviens en enfance,
jouer dans les couches.

"ABRI INTERNE"

J'ai besoin souvent
de ta main dans mon cœur,
apaiser mon rythme cardiaque,
sachant que sans toi ...
Je n'aurais pas d'abri

"Sentez-vous que vous respirez"

Je suis tendre de ton amour
plus réticent.
Tes yeux me montrent
la vérité des jours qui passent,
tes baisers me paraissent paradisiaques,
et ton corps ma maison.
Je veux sombrer dans le même lit que toi.
Réchauffe mes pieds froids
avec votre chaleur.
Câlins de sommeil,
et ressentez comment vous respirez.

"QUELQUE CHOSE DE MAUVAIS"

Ne pas Je détourne mon regard.
Tu es ma muse dans la brume.
Jouer à cacher,
de mes vers perdus.
Moi très petit homme,
mais très faim,
de tes paroles,
de ton look,
manger ta bouche,
ou n'importe quelle cuisse ou sein,
tout ce qui est à ma portée.
Ces vers sont comme ça,
quelque peu profane.

"UN PIANO DANS LA NUIT"

Un piano joue la nuit.
Les Nocturnes de Chopin,
à un moment terrible,
une escarmouche vers le ciel
affirmant cet amour,
peut être étrange.
Comme le vent parfumé
lotus ou pavot.
Un jeu étrange
une étrange carambole.

"MES PROFESSEURS"

Je me suis perdu,
entre les textes et les leçons.
Maîtres anciens,
qui trouvent du réconfort en moi.
L'amour en vers ou en vers de solitude
Quelle différence cela fait?

"ROAD TO HOME"

J'attends l'aube
comme d'habitude.
J'attends ton sourire
comme cadeau quotidien.
J'attends ton rire
pour mes non-sens merci.
Et un non-sens ...
Je suis sur le chemin de notre maison

"ALPHA ET OMÉGA"

Tout a un début et une fin.
Notre principe,
c'était peut-être un rêve qui voulait nous
rassembler.
La vie ensemble,
un rêve d'amour terrestre.
Et la fin,
ce sera un autre rêve,
un rêve qui nous laissera partir,
enfin en paix.

"NE PERDEZ PAS DE TEMPS"

Si je cherchais une réponse
Je trouverais tes yeux me regardant
Si je cherchais une réponse
Je trouverais tes mains me caresser.
Si je cherchais une réponse
Je perdrais mon temps à t'embrasser

"PROCHE DE TOI"

Une longue journée m'attend.
Je suis dans la maison où j'ai grandi.
Peut-être que mon corps est par ici.
Mais mon esprit et mon cœur
ils sont proches de vous.

"COMMENT POURRAIS-JE"

¿Comment parler?
Si je suis juste un imbécile
qui ne connaît pas l'amour.
¿Comment aimer?
Si je suis juste un imbécile
qui ne sait pas quoi dire.

"PIÈCES"

Un jour, tu viendras dans mes bras.
Tu vas t'asseoir sur mes genoux
Et tu sauras de quoi je suis fait
Des morceaux de ceci, et des morceaux de cela.
Pièces,
des morceaux d'amour qui ne sont pas oubliés.
D'un amour qui ne meurt pas.
Je suis un enfant de Dieu et de l'homme,
et mes pièces disent:
Aime-moi,
aime moi tous les soirs.

"MON NONSENSE"

Je dois être un imbécile
comme je suis intelligent.
Imbécile de faire des erreurs tout le temps.
Mais si j'étais intelligent:
Serais-je stupide de réaliser vos souhaits
OU
Pour avoir accompli le mien?

"FORTUNE"

Il est tard,
à tel point que le soleil se lève déjà.
Et en cet été fébrile
de ma décadence passagère,
Je t'écris quelques vers
à la poursuite de la fortune
que vos lèvres me donneraient.

"JE SOUHAITE LE GÉNIE"

J'ai demandé au génie de la lampe,
pour un souhait reporté.
J'ai dit:
emmène-moi à tes côtés,
je veux être heureux
et bien aimé

"LE JOUR DE NÉE"

Je suis né un jour d'orage.
Et maintenant je vis comme la foudre.
Dans mon âme, lumière et bruit.
Synonyme de je t'aime.

"MON GRAND-PÈRE SAGE"

UNE jour j'ai demandé à mon grand-père.
¿Combien de temps dure l'amour?
et m'a dit:
l'amour est éphémère et ne dure pas longtemps.
Et je lui ai dit:
Comment c'est?
Il m'a répondu:
une vie ne lui vient pas, pas même peut-être
deux.
C'est fragile et ça casse
alors peut-être ton coeur,
Mais sa mémoire est une flamme vive.
Et donc maintenant je ...
peut-être que ça brûlera dans ta mémoire
comme le soleil qui donne de la chaleur.

"LA FLEUR DE MON JARDIN"

Fleur secrète de mon jardin.
Serez-vous né aujourd'hui avec le sourire?
Ou avec des pleurs juvéniles?

Merci à ma famille et mes amis à Mildred, à Leire, d'être ma muse au loin.

Mais que serait un poète si la vie était une fête. Si je n'avais pas de sentiments cachés.

FIN